CATALOGUE

D'ESTAMPES ANCIENNES

DE TOUTES LES ÉCOLES

LIVRES ET DESSINS

ENVIRON

25,000 Gravures, 500 Volumes et 800 Dessins

QUI SERONT VENDUS PAR LOTS

LE TOUT FORMANT LA

COLLECTION D'UN ARTISTE

Dont la vente aux enchères publiques aura lieu

HOTEL DES COMMISSAIRES-PRISEURS, RUE DROUOT,

SALLE Nº 4

Les Lundi 7, Mardi 8 et Mercredi 9 Janvier 1884.

A UNE HEURE ET DÉMIE PRÉCISE

Par le ministère de Mᵉ **MAURICE DELESTRE**, Commissaire-Priseur,
27, rue Drouot, 27.

Assisté de **M. CLEMENT**, Marchand d'Estampes de la Bibliothèque Nationale,
rue des Saints-Pères, 3.

PARIS. 1884

CONDITIONS DE LA VENTE

La vente se fera au comptant.

Les acquéreurs payeront *cinq pour cent* en sus des adjudications applicables aux frais.

L'expert chargé de la vente se réserve la faculté de rassembler ou de diviser les lots.

ORDRE DES VACATIONS

Lundi	**7 Janvier.**	— Estampes	Nᵒˢ 27 à 236
—	»	— Dessins	Nᵒˢ 1 à 25
—	»	— Dessins en lots...	Nᵒˢ 26
Mardi	**8**	— Livres	Nᵒˢ 238 à 306
—	»	— Livres en lots.....	Nᵒˢ 307
—	»	— Estampes en lots..	Partie du nᵒ 237
Mercredi	9	— Estampes en lots..	Restant du nᵒ 237

DÉSIGNATION

DESSINS

1 — **Bouchardon** (Ed.). — Jeune garçon jouant de la vielle. A la sanguine.

2 — **Chardin** (S.). — Portrait de Mme Chardin. Aux trois crayons.

3 — **Cochin** (Ch. N.). — Études pour le portrait de Mlle Clairon qui se trouve dans la pièce intitulée : *Concours pour le prix de l'étude des têtes et de l'Expression*. Au crayon noir.

4 — **Debucourt** (P. L.). — Le Menuet. Joli dessin au lavis d'aquarelle.

5 — **Delacroix** (Eugène). — Études et croquis. Cent vingt-deux dessins à la plume et au crayon.

6 — **Diepenbeek** (Abr. Van). — Saint Simon, — Saint Roch. Deux dessins au lavis d'encre de Chine et de bistre.

7 — **École française du XVIIIe siècle.** — Moïse sauvé des eaux. Beau dessin au lavis de bistre, rehaussé de blanc.

8 — **Gillot** (Claude). — Costumes et croquis. Trois dessins à la sanguine.

9 — **Gillot** (Cl.). — Arlequin dansant. Au crayon noir rehaussé de blanc.

10 — **Lancret** (Nicolas). — Trois études de femmes sur une même feuille, — Deux études de femmes sur une même feuille. Deux dessins à la sanguine.

11 — **Leys** (le baron H.). — Façade d'une maison à Anvers. Aquarelle signée et datée de 1838.

12 — Femme assise, faisant de la dentelle. Aux trois crayons et mine de plomb. Signé.

13 — **Moyaert** (N.). — Les Frères de Joseph le voulant mettre dans le puits, — Joseph retiré du puits. Deux dessins à l'encre de Chine.

14 — **Parrocel** (J.). — Général commandant une bataille, — Paysages et études de chevaux, etc. Quatre dessins à la plume et lavis d'encre de Chine.

15 — **Romeyn** (W.). — Du bétail se reposant près d'un bâtiment en ruines. Beau dessin à l'encre de Chine.

16 — **Sneyders** (F.). — Fruits et Gibier mort. A la plume.

17 — **Le Sueur** (Eustache). — Jésus adoré par les anges. Au crayon noir, rehaussé de blanc. A été lithographié par Maurin.

18 — **Vander Vinne** (Laurent). — Paysage traversé par un chemin creux. Au crayon noir, et encre de Chine.

19 — **Vitrenga** (W.). — Marine. Au lavis d'encre de Chine, rehaussé de blanc.

20 — **Vlieger** (Simon de). — Vue du Rhyn, avec des bateaux, — Une Forêt près d'une rivière. Deux dessins à l'encre de Chine.

21 — Habitation rustique située sous des arbres de haute futaye. Beau dessin au crayon noir, et encre de Chine.

22 — **Watteau** (Ant.). — Deux jeunes Femmes assises, études sur une même feuille. Beau dessin à la sanguine, rehaussé de blanc. A été gravé dans le volume de croquis, par Boucher.

23 — Portrait d'homme, — Deux femmes dans un Paysage, — Paysage. Trois dessins, aux trois crayons.

24 — **Wouvermans** (Ph.). — Les Marchands de Poissons. Au crayon noir et lavis d'encre de Chine.

25 — **Zucçaro** (F.). — Le Jugement de l'Ignorance. A la plume et lavis de bistre.

26 — Sous ce numéro, il sera vendu par lots environ quinze cents dessins des écoles Italienne, Allemande, Hollandaise et Française.

ESTAMPES

27 — **Allais** (L. J.). — Le Soir, d'après Lafitte, en couleur. Belle épreuve, marge.

28 — **Andreani.** — Le Triomphe de Jules César, d'après Mantegna. Suite de neuf pièces. B., sect. VI, n° 11. Très belles épreuves.

29 — **Ardell** (J. M.). — Rubens avec sa Femme et son Enfant, d'après Rubens. Très belle épreuve.

30 — **Bettelini.** — A Nymph sacrificing, d'après Kauffmann. — Aminta. Deux pièces. Belles épreuves.

31 — **Blot et Garnier.** — La Vierge aux Candelabres, d'après Raphaël, — La Vierge aux Balances, d'après L. de Vinci. Deux pièces. Bonnes épreuves.

32 — **Bonnet** (F.). — Offrande à l'Hymen, — Offrande à Vénus. Deux pièces en couleur, d'après Huet. Belles épreuves.

33 — Les Lapins, — Les Moutons. Deux pièces en couleur, d'après Huet. Belles épreuves, marges.

34 — **Both** (Jean). — Les Deux Mulets. (B., 4.) Très belle épreuve.

35 — **Boucher** (D'après F.). — Première vue de Charenton, — Seconde vue des environs de Charenton, — Seconde vue de Beauvais. Trois pièces gravées par Le Bas. Bonnes épreuves.

36 — **Boucher** (D'après F.). — Diplôme des Francs-Maçons pour la loge de Bordeaux, par P. Choffard. Très belle épreuve, avec marge. Rare.

37 — Le quos Ego, par J. B. Tilliard. Très belle épreuve.

38 — Livre de Cartouches inventés par François Boucher, peintre du Roi, gravés par Huquier. Très belles épreuves, marges.

39 — **Breugel** (B.). — Vue d'un vaste pays. Gravé à l'eau-forte. Belle épreuve.

40 — **Brokshow** (R.). — Paysage, d'après Rubens. Bonne épreuve

41 — **Callot** (J.). — Paysages dessinés à Florence, par Callot. M., 1187-1198. Très belles épreuves du premier état, sauf le titre, grandes marges.

42 — **Caneletti** (Gio Antonio). — Vedute altre prese da i Luaghi altre ideate *da Antonio Canal...* Suite de trente et une pièces, y crompris le titre. Très belles épreuves, grandes marges.

43 — Dix pièces doubles de la suite précédente. Épreuves du premier état, avant les numéros.

44 — **Canale** (D'après Antonius). — Vues de Venise. Suite de huit pièces et un titre gravés par Brustolon. Belles épreuves, marges.

45 — **Chardin** (D'après S.). — La Gouvernante, par Lépicié. Épreuve avant la lettre.

46 — **Cochin** (C. N.). — Dessein de l'illumination et du feu d'artifice, donné à Monseigneur le Dauphin à Meudon, le 3 septembre 1735 ; d'après Debonneval.

47 — **Cochin** (d'après C. N.). — *Chardin* (Jean-Simeon). Deux portraits différents, gravés par J.-J. Pruneau et L. Cars. Belles épreuves. Un a toute sa marge.

48 — **Cochin et Subleyras** (D'après). — L'Amour peintre, — Le Faucon gravé à l'eau-forte, par Pierre. Deux pièces.

49 -- **Copia**. — Le Maréchal ferrant de la Vendée, d'après Sablet. Belle épreuve.

50 — **Debucourt** (P. L.). — La Croisée. Belle épreuve, en noir.

51 — **Delacroix** (Eugène). — Lion de l'Atlas, — Tigre Royal. Deux pièces. Belles épreuves.

52 — **Demarteau**. — Homme debout, — Jeune Femme jouant de la mandoline. Deux pièces d'après Watteau. Belles épreuves.

53 — **Descourtis**. — Vue de la Porte Saint-Bernard, prise au bas de la rive du dit quai, d'après de Machy. En couleur. Épreuve avant toutes lettres.

54 — **Desnoyers**. — La Vierge aux Rochers, d'après Leonard de Vinci. Épreuve avec le cachet à deux têtes.

55 — **Drevet** (Pierre). — Rebecca à la fontaine, d'après Ant. Coypel. Belle épreuve.

56 — **Dupuis** (Ch.). — Louis XV, d'après Ranc. Grand in-fol. Belle épreuve.

57 — **Durer** (Albert). — Saint Christophe. Belle épreuve. Signée au verso : P. Mariette, 1662. Collection Debois.

58 — **Earlom** (Richard). — Paysage avec rivière et moulins, d'après Hobbema. Très belle épreuve avant la lettre.

59 — Rubens et sa Femme revenant de la chasse, d'après Rubens. Belle épreuve.

60 — **Earlom, Boydell et Green**. — Sʳ Thomas Wharton, — James Stuart Duke of Richmond, — King Charles the first. Trois portraits in-fol. en pied, d'après Van-Dyck. Belles épreuves.

61 — **École Française du XVIIIᵉ siècle**. — Vues de Monuments avec parcs et personnages. Deux très jolies pièces avec figures de l'époque Louis XVI. Très rares épreuves à l'état d'eau-forte.

62 — Estampes par Fragonard, Gravelot et autres. Huit
pièces.

63 — **Edelinck** (G.). — Le Brun (Ch.), d'après N. de Lar-
gillière. (R. D., 238.) Bonne épreuve.

64 — **Faber.** — Femme assise, lisant. Epreuve avant la
lettre.

65 — **Ficquet** (Étienne). — *Maintenon* (la Marquise de)
d'après Mignard. Epreuve sur papier double.

66 — **Flamen** (Albert). — Veue de Longuetoise du haut de
la grande Garenne, — Veue du Peray du costé de Cor-
beil, — Gentilly veu du chemin hault qui vient du fau-
bourg Saint-Marceau, — Veue de la maison de Mons⟨r⟩ de
Chasteauneuf et village de Montrouge, — Veuè des moulins derrière les Chartreux, — Ruine de la vieille Eglise de
Vaugirard, — Le Village de Chastillon veu de costé de Bai-
gneux, etc. Huit pièces.

67 — Son Œuvre, en cent dix-sept pièces. Oiseaux, Poissons, etc. Belles épreuves.

68 — **Flameng** (L.). — La Ronde de nüit, — La Pièce aux
cent florins. Deux pièces d'après Rembrandt. Très belles
épreuves.

69 — **Fragonard** (H.). — L'Armoire (P. de B., 2). Epreuve
avant l'adresse de Naudet.

70 — Le Parc (P. de B., 4). Superbe épreuve de la planche
originale. Très rare.

71 — **Fragonard** (D'après H.). — Le Premier Pas de l'Enfance, — L'Enfant Chéri. Deux pièces faisant pendants,
gravées par Vidal. Belles épreuves.

72 — La Bonne Mère, par N. De Launay. Très belle épreuve
avant la dédicace.

73 — Dites donc S'il Vous Plaît, — L'Heureuse Fécondité.
Deux pièces gravées par De Launay. Belles épreuves.

74 — Le Temps Orageux, par J. Mathieu. Très belle épreuve.

75 — Sacrifice de Callirhoé, par J. Danzel. Bonne épreuve.

76 — **Freudeberg** (D'après). — La Complaisance mater-
nelle, par De Launay. Belle épreuve.

77 — **Gellée** (Claude). — L'Œuvre de Claude, en soixante-
deux pièces de différents états. Bonnes épreuves.

78 — **Géricault.** — Le Chariot chargé de blessés. Très
belle épreuve.

79 — **Guyot.** — Ruine de la partie intérieure d'une basi-
lique de Rome, d'après Robert, en couleur.

80 — **Hédouin** (Ed.). — Suite de six pièces, dont un portrait, pour le *Voyage sentimental* de Sterne. Superbes
épreuves avant toutes lettres, avec dédicace de l'artiste à
Monsieur Grenier.

81 — **Hess** (Charles). — Rubens et sa Première Femme,
d'après Rubens. Belle épreuve.

82 — **Houston.** — James *Sayer*, d'après Zoffany. Belle
preuve avant la lettre.

83 — **Humbelot** (J). — Les Quatre Parties du Jour. Suite
de quatre pièces représentant l'histoire de l'Enfant Pro-
digue. Belles épreuves.

84 — **Ingres.** — Le Baron de Norvins de Montbreton. Lithographie originale du maître.

85 — **Iode** (P. de). — Lipse (Juste), in-fol. Belle épreuve.

86 — **Janinet** (F.). — La Folie, d'après Fragonard, en couleur. Très belle épreuve.

87 — Vénus désarmant l'Amour, — Vénus en réflexion. Deux
pièces en couleur, d'après Charlier. Belles épreuves.

88 — Foire Hollandaise, d'après Ostade. Très belle épreuve
en couleur.

89 — La Chaumière Flamande, — La Baraque Rustique, —
Le Nouvéliste, — La Tabagie Hollandaise. Suite de quatre
pièces gravées en couleur, d'après Ostade. Très belles
épreuves, marges.

90 — **Kneller** (D'après). — *Monoyer* (Jean-Baptiste), peintre de fleurs, in-fol. en manière noire.

91 — **Lancret** (D'après N.). — Le Matin, — Le Midi, — L'Après-Dinée, — La Soirée. Quatre pièces gravées, par N. De Larmessin. Bonnes épreuves.

92 — L'Hiver, — Le Printemps, — L'Esté, — L'Automne. Quatre pièces gravées par Le Bas, Tardieu, Audran et Scotin. Bonnes épreuves.

93 — **Lemud** (A. de). — Maître Wolframb. Deux épreuves d'états différents.

94 — **Liotard** (J. E.). — Une Dame franque de Péra à Constantinople, recevant visite. Belle épreuve.

95 — **Longhi** (G.). — La Maddalena del Correggio, d'après le Corrège, — La Madonna del Lago, d'après Léonardo da Vinci, — Le Repos en Egypte. Trois pièces. Belles épreuves.

96 — Bonaparte à la bataille d'Arcole, le 27 brumaire an V, d'après Le Gros. Belle épreuve.

97 — **Masson** (Ant.). — *Brisacier* (Guillaume de), d'après Mignard. Bonne épreuve.

98 — *Dupuis* (Pierre), peintre de fleurs, d'après Mignard (25). Très belle épreuve.

99 — Louis XIV, d'après le Brun, in-fol. Très belle épreuve.

100 — **Mecou.** — *Levert* (Mlle), actrice, d'après Isabey, in-4. Épreuve avant la lettre.

101 — **Mercury.** — Sainte Amélie, reine de Hongrie, d'après Paul Delaroche. Bonne épreuve.

102 — **Le Mire** (N.). — L'heureuse rencontre. Belle épreuve.

103 — **Moreau** (J.-M.). — Vue de la cathédrale d'Orléans, d'après Trouard. In-8. Très belle épreuve.

104 — **Moreau** (d'après J.-M.). — Vignettes in-4° gravées par de Launay, Duclos et le Mire, pour les œuvres de Rousseau. Quatre pièces dont une avant la lettre. Très belles épreuves, marges.

105 — **Moucheron** (I. de). — Paysages avec figures dans le style historique. Sept pièces. Belles épreuves.

106 — **Muller** (J.-G.). — Moses *Mendelssohn*; d'après Frisch. in-fol. Belle épreuve.

107 — **Naiwincx** (H.). — Différents paysages. Première suite de huit estampes (B., 1 à 8). Très belles épreuves.

108 — Différents paysages. Seconde suite de huit estampes (B., 9-16). Très belles épreuves.

109 — Sept pièces doubles des deux suites précédentes. Belles épreuves.

110 — **Nanteuil** (R.). — *Dulieu de Chenevoux* (François-Antoine), maître des Comptes (85). — *Le Tellier* (Charles-Maurice), archevêque de Reims (138). — *Le Vayer* (François de la Mothe), conseiller d'État (143). Trois pièces. Belles épreuves.

111 — **Oudry** (d'après). — Ancienne et première vue d'Arcueil, — Ancienne et seconde vue d'Arcueil. Deux pièces gravées sous la direction de le Bas. Belles épreuves, marges.

112 — **Parrocel** (Ch.). — Différentes études de soldats, dessiné et gravé par Charles Parossel, peintre du roi. Suite de six pièces et un titre. Très belles épreuves avec marges.

113 — **Pater** (d'après). — Le désir de plaire, par L. Surugue. Belle épreuve.

114 — **Pitau** (N.). — Saint Vincent de Paul, d'après Simon François. In-fol. Belle épreuve.

115 — **Pollard** (R.). — Saint Preux and Julia, d'après Wheathy. Très belle épreuve.

116 — **Pontius** (Paul). — Rubens et Van Dyck, représentés en buste sur une même feuille, d'après Van Dyck. Bonne épreuve.

117 — **Porporati.** — Le bain de Léda, d'après le Corrège. Epreuve avant la lettre, plus une épreuve avec la lettre. Deux pièces.

118 — **Prud'hon** (P.-P.). — Une famille malheureuse (9), — Une lecture, — L'enfant au chien (8), — L'enlèvement d'Europe. Six épreuves de ces quatre pièces.

119 — **Prud'hon** (P.-P. d'après). — Portraits de Prud'hon, par Voiart, Hédouin et Mauzaisse. Quatre pièces.

120 — Minerve alimentant les arts et les sciences, gravé par Mlle A. Bleuze (55). Belle épreuve, marge.

121 — La vengeance de Cérès, — L'amour réduit à la raison, — Le cruel rit des pleurs qu'il fait verser (56-58). Gravées par Copia. Sept épreuves de ces trois pièces, dont trois avant la lettre.

122 — L'Amour caresse avant de blesser, par B. Roger (62), — Le Zéphir, par Laugier. Deux pièces. Belles épreuves.

123 — Constitution française, par Copia (67). Epreuve avec les noms d'artistes tracés à la pointe.

124 — La raison parle et le plaisir entraîne (78). La Vertu aux prises avec le vice (79). Cinq épreuves de ces deux pièces dont trois avant la lettre.

125 — La Loi. Gravé par Copia. Epreuve avant la lettre.

126 — Etude, — Cérès, — Age mûr (99). — L'Enfance, — Etude, — Le Désir, etc. Sept pièces gravées par Prud'hon fils, Roger et Cazenave.

127 — Description de la toilette présentée à Sa Majesté l'Impératrice-Reine et du berceau offert à Sa Majesté le roi de Rome. Suite de cinq pièces gravées par Cavelier et Pierron (108, 109, 110, 113, 116).

128 — **Prud'hon** (d'après). — Trois vignettes grand in-4, gravées par Roger, appartenant à l'édition de *Daphnis et Chloe*, donnée par Didot en l'an VIII (121 à 123). Très belles épreuves avant la lettre, marges.

129 — Daphnis et Chloé, — Aminta, — Abrocome e Anzia (126-127 et 128). Trois pièces gravées par B. Roger. Une est double. Quatre pièces.

130 — Phrosine et Mélidor, — Choisir l'objet, — l'Enflammer, En jouir (129-131). Quatre pièces gravées par Prud'hon, Beisson et Copia. Très belles épreuves, deux sont avant la lettre.

131 — Trois pièces doubles de la suite précédente. Belles épreuves.

132 — Suite de cinq vignettes in-8, plus un portrait, gravés par Copia, pour la *Nouvelle Héloïse* (132-136). Belles épreuves.

133 — Stellina surprise au sortir du bain, par Edouard (la Grotte). Gravé par Roger (14). Très belle épreuve avant la lettre, avec les noms des artistes gravés à la pointe.

134 — Stellina introduisant Edouard dans la grotte de l'hospitalité. — Le Zéphir. — l'Egalité. — La Loi. 8 pièces.

135 — Préfecture de la Seine, gravé par B. Roger (149). Belle épreuve.

136 — Département de la Seine-Inférieure, gravé par B. Roger (150). Belle épreuve.

137 — Ministère de la police générale, gravé par B. Roger (151).

138 — Tête de lettre représentant un Génie couronné par la République (152), gravé par Roger.

139 — Directoire exécutif, gravé par Roger, — Bonaparte 1er consul de la République, entête gravé par Roger. Deux pièces.

140 — Adresse de Merlen, gravée par Roger (155). Deux épreuves.

141 — **Prud'hon** (d'après). — Vénus et l'Amour (159), — Léda (160). Deux pièces de forme ovale, gravées par Roger. Belles épreuves.

142 — Léda (160). Epreuve imprimée en couleur.

143 — Léda, — Eucharis. Deux pièces dessinées par Deveria, d'après les croquis de feu Prud'hon et gravées par Prud'hon fils. Belles épreuves.

144 — Bonaparte. Portrait équestre : en haut, une Renommée. Gravé par Copia. Très rare.

145 — L'Innocence préfère l'amour à la richesse, par Roger. Très rare épreuve à l'état d'eau-forte.

146 — Les arts libéraux. 10 pièces. Belles épreuves.

147 — Le Triomphe de l'Empereur, par B. Roger. Belle épreuve avant la lettre.

148 — La Toilette. Lithographie par Maurin. Epreuve sur chine.

149 — L'Ame, — L'Amour, — Apollon et les muses, — Joseph et la femme de Putiphar, — Triomphe de Vénus. — Vénus et Adonis, — Vénus au bain, etc., etc. 24 pièces lithographiées par J. Boilly. Belles épreuves.

150 — Le Christ en croix, — La Justice et la Vengeance divine poursuivant le crime, — L'Impératrice Joséphine, — Vénus et Adonis, — Le Triomphe de Vénus, — Une lecture, — Le roi de Rome, — Naufrage de Virginie, — Le Portement de croix, — La Liberté, etc., etc. Trente-cinq pièces par divers artistes, gravures et lithographies.

151 — La Vierge de Prud'hon, — La Justice, — Le Rêve, — La Force. Quatre pièces lithographiées par Eug. Le Roux.

152 — La soif de l'or, — Les Vendanges, — La Volupté, — L'Etude garde l'essor du génie, — Les petits dévideurs, — Les petits fileurs, — L'Enlèvement de Psyché, etc. Onze pièces lithographiées par Aubry le Comte.

153 — La sainte Vierge, — Portrait du comte Sommariva, — Portrait de femme. Trois pièces.

154 — **Prud'hon** (d'après). — La Grotte, — La Pudeur, — L'Amour. Trois pièces lithographiées par G. Bellenger.

155 — La Rosée du matin, — Le Christ en croix. — Le Zéphir. Cinq pièces lithographiées par Grevedon, Franquinet et Pirodon.

156 — Le sort des artistes, pièce satirique. Très belle épreuve. Rare. ③

157 — **Raphaël** (d'après). — Les Heures, suite de douze pièces par divers graveurs. Epreuves avant la lettre.

158 — **Regnesson** (N.). — *Orléans* (Anne-Marie-Louise d'), duchesse de Montpensier. In-fol. Belle épreuve.

159 — **Rembrandt**. — La mort de la Vierge, — Jésus guérissant les malades. Deux pièces.

160 — L'*Ecce homo*, — La Descente de croix. Quatre pièces, copies et originaux.

161 — **Reynolds** (d'après sir J.).—Garrick entre la Comédie et la Tragédie,— Portrait du général Eliott, — Jane Dutchess of Gordon. Trois pièces gravées par Dickinson, Earlom et Corbutt.

162 — Master Henry *Hoare*, gravé par C. Wilkin. Belle épreuve, marge.

163 — Miss Nelly O. Brien, par S. Ohey. In-fol. Belle épreuve.

164 — **Reynolds** (S. W.). —Rembrandt's Marriage, d'après Rembrandt. Belle épreuve.

165 — **Richomme** (J.-Th.). — Triomphe de Galathée, d'après Raphaël. Belle épreuve.

166 — **Romanet** (A.). — L'Attente du plaisir, d'après le Titien. Epreuve avant la lettre.

167 — **Roos** (J.-H.). — Différents animaux. Suite de treize estampes dont nous n'avons que neuf (B., 17, 20, 22, 23, 25, 26, 27, 29, 30). Belles épreuves.

168 — **Rubens** (d'après P.-P.). — La Nativité, par Lucas Vorsterman, — Le martyre de sainte Catherine par W.-P. Leuw. — L'Enlèvement d'Hypodamie, par P. de Bailliu, — Jésus porté au tombeau, par Witdoeck. — Retour de chasse, par S. à Bolswert. Cinq pièces.

169 — Le Couronnement de la Vierge, par deux anges, par C. Visscher. Belle épreuve.

170 — Le Portement de croix, par Pontius, — Jésus tenté par le démon, gravé en taille de bois par Chris. Jegher. Trois pièces. Bonnes épreuves.

171 — La Descente de croix, par Vorsterman. Bonne épreuve.

172 — Saint François d'Assise, mourant et soutenu par ses frères, reçoit la communion, par Snyers. Très belle épreuve.

173 — Saint Ambroise et Théodose le Grand, par Schmuzer. Belle épreuve.

174 — Sainte Claire et les Pères de l'Eglise, par S. A. Bolswert, — Le martyre de saint Thomas, par J. Neffs. Deux pièces. Belles épreuves.

175 — Conversation entre plusieurs Amans, où l'on voit Rubens et sa femme debout sur la droite. Gravé en taille de bois, par Chris. Jegher. B., 38 des allégories. *L.*

176 — Gaspar de Gusman, comte d'*Olivarès*, par Pontius, — *Busquoy* (Charles de Longueval, comte de), par Vorsterman. Deux portraits. Bonnes épreuves.

177 — Suite de six grands paysages dont les cinq premiers sont gravés par S. à Bolswert et le sixième par P. Clouet. Belles épreuves.

178 — Quatre pièces doubles de la suite précédente. Bonnes épreuves.

179 — Suite de vingt-un paysages gravés par S. à Bolswert et connus sous le nom de : Petits paysages de Rubens. Belles épreuves en 1 vol. in-fol. cartonné.

180 — **Rubens** (d'après). — Sous ce numéro, il sera vendu un portefeuille contenant une grande partie de l'œuvre de Rubens.

181 — **Ruisdael** (J.). — Paysages gravés à l'eau-forte par le maître. Sept pièces.

182 — **Schenau** (d'après). — La fille rusée, par B. L. Prevost. Belle épreuve.

183 — **Schmidt** (G. F.). — Etudes de têtes. Quatre pièces. Belles épreuves.

184 — **Smith** (J.). — *Lelly* (P.), peintre, d'après lui-même. — M. Ann *Warner*, d'après N. de Largilière. Deux portraits in-fol. Belles épreuves.

185 — **Swanewelt** (H.). — Différents animaux (B., 26, 32), suite de sept estampes. — La porte de ville (B. 92). Huit pièces.

186 — **Vernet** (d'après J.). — Les ports de France, suite de seize estampes gravées par Cochin et Le Bas. Belles épreuves.

187 — Le port de Rochefort. — Le port et la ville du Havre. — Vue du port de Dieppe. Cette dernière pièce est avant la lettre, le port de Rochefort est double. Quatre pièces.

188 — **Vernet** (d'après C.). — Chasses. Suite de neuf pièces. — Suite de divers chevaux de race. Trois pièces, en tout douze pièces. Très belles épreuves, toutes marges.

189 — **D. Vinckboons** (d'après). — Les Saisons. Suite de quatre pièces gravées par Hondius, Stock et Frisius. Belles épreuves.

190 — **Waterloo** (Aut.). — Paysages ornés de sujets mythologiques (B. 125 à 130). Suite de six estampes, anciennes épreuves.

191 — **Watteau** (Ant.). — Figures de modes dessinées et gravées par Watteau et terminées au burin par Thomassin fils. Suite de sept pièces et un titre (R. D., 1-7). Belles épreuves.

192 — **Watteau** (Ant.). — Doubles de la suite précédente. Dix-neuf pièces de différents états.

193 — **Watteau** (d'après Ant.). — Antoine Watteau, d'après lui-même. Deux portraits différents, par Lépicié et L. Crepy. Belles épreuves.

194 — Les Agremens de l'Esté, par J. de Favanes. Belle épreuve, marge.

195 — L'Alliance de la Musique et de la Comédie, par J. Moyreau. Belle épreuve.

196 — L'Amour au théâtre italien, — L'Amour au théâtre français. Deux pièces faisant pendants, gravées par C. N. Cochin. Belles épreuves.

197 — L'Avanturière. Deux gravures différentes, par B. Audran et Crepy. Bonnes épreuves.

198 — Le Bain. Deux pièces gravées par Aliamet. Belles épreuves, dont une avant la lettre.

199 — Le Bosquet de Bacchus, — Les Charmes de la vie. Deux pièces gravées par Aveline et C. N. Cochin. Belles épreuves.

200 — La Cascade, par G. Scotin. Très belle épreuve.

201 — La Chute d'eau, — *Qu'ay-je fait, assassins maudits.* Deux pièces gravées par Moyreau et Joullain. Belles épreuves.

202 — La Colation, par Moyreau. Belle épreuve.

203 — La Colation, par P. Mercier. Belle épreuve. Rare.

204 — *Coquettes, qui pour voir galants au rendez-vous....* par Thomassin. Belle épreuve.

205 — Danse autour d'un Mai, sans noms d'artistes. Arabesque en hauteur. Très belle épreuve, marge.

206 — Le Danseur aux castagnettes, — l'Amant repoussé. Deux pièces faisant pendants, gravées par P. Mercier. Belles épreuves.

207 — **Watteau** (d'après Ant.). — Les Deux Cousines, par Baron. Très belle épreuve.

208 — Les Deux Cousines, — Antoine de La Roque. Deux pièces gravées par Baron et Lépicié. Belles épreuves.

209 — L'Embarquement pour Cythère, par Tardieu. Belle épreuve.

210 — Escorte d'équipages, — Amusements champêtres. Deux pièces gravées par Cars et Audran. Belles épreuves.

211 — La Famille, par P. Aveline. Belle épreuve, marge.

212 — Fêtes vénitiennes, — les Agréments de l'été. Deux pièces gravées par Joulain et Lau, Cars. Belles épreuves.

213 — La Game d'Amour, — le Colin Maillard, — la Proposition embarrassante. Trois pièces gravées par le Bas, Brion et Tardieu. Belles épreuves.

214 — Monsieur de Julienne jouant du violoncelle près de Watteau, par Tardieu. Belle épreuve.

215 — La Musette, par Moyreau. Belle épreuve.

216 — L'Occupation selon l'âge, par Dupuis. Rare épreuve avant toutes lettres.

217 — La Perspective, par Crepy. Belle épreuve.

218 — Les Plaisirs du bal, par Scotin, — la Mariée de village, par Cochin. Deux pièces. Belles épreuves.

219 — Les Plaisirs de l'été, par V.-M. Picot. Belle épreuve.

220 — Le Plaisir pastoral, par N. Tardieu. Très belle épreuve.

221 — La Pollonnoise, — la Rêveuse. Deux pièces gravées par Aubert et Aveline. Belles épreuves.

222 — Les Rendez-vous champêtres, par J.-M. Liotard. Belle épreuve, marge.

223 — Rendez-vous de chasse, par Aubert. Très belle épreuve, marge.

224 — **Watteau** (d'après Ant.), — Le Rendez-vous, par P. Mercier. Composition de cinq figures en hauteur. Belle épreuve.

225 — La Rêveuse, — le Rendez-vous. Deux pièces gravées par Aveline et Audran. Belles épreuves.

226 — La Ruine, par Baquoy. Belle épreuve.

227 — Le Triomphe de Vénus, par P. Mercier. Belle épreuve. Rare.

228 — La Troupe italienne, — les Comédiens français. Deux pièces gravées par Simonneau et Thomassin. Belles épreuves.

229 — Veue de Vincennes, par F. Boucher, — J.-B. Rebel, compositeur de la chambre du roi, par Moyreau. Deux pièces.

230 — Costumes et Études. Treize pièces.

231 — Antoine de La Roque, — l'Ile enchantée, — la Chute d'eau, — Pierrot content, — la Game d'amour, — les Champs Élysées, — Escorte d'équipages, — la Revanche des paysans, — l'Occupation champêtre, — les Fatigues de la guerre, — les Délassements de la guerre, — le Marais, — la Troupe italienne en vacances, — le Pénitent, etc., etc. Trente-trois pièces par divers graveurs.

232 — Le Dénicheur de moineaux, — le Temple de Neptune, — les Sens, — les Saisons, — le Jardinier fidèle, — le Berger empressé, — la Chasseuse, — le Bouffon, — le Vendangeur, — Bacchus, — le Frileux, — l'Enjoleur, — Feuilles de paravent, etc. Trente-trois pièces panneaux-arabesques par Aveline, Moyreau, Huquier, Crépy, Guyot, etc.

233 — **Weiroter**. — Les Saisons, d'après Van Goyen, — les Mois, d'après P. de Molyn. Seize pièces. Belles épreuves.

234 — **Wille** (J.-G.) — Mort de Cléopâtre, d'après Netscher. Bonne épreuve.

235 — **Wouvermans**. — Œuvres de Ph. Wouvermans, Hollandais, gravées d'après ses meilleurs tableaux qui

sont dans les plus beaux cabinets de Paris et ailleurs....., par Moyreau. Quatre-vingt-huit pièces.

236 — **Zeeman** (R.). — Les Portes de ville d'Amsterdam (B., 119-126). Suite de huit estampes dont nous n'avons que sept. Belles épreuves.

237 — Sous ce numéro, il sera vendu par lots environ 150 portefeuilles d'estampes anciennes et modernes de toutes les écoles, un grand nombre de pièces de l'école française du XVIIIe siècle, en épreuves dites d'artistes, etc.

LIVRES

238 — **Alberti**. — L'Architetturo di Léon-Batista Alberti. 1565. 1 vol. in-fol. vélin, fig. sur bois.

239 — **Arioste**. — Roland furieux, traduction nouvelle et en prose par M. V. Philipon de la Madeleine. Édition illustrée de 300 vignettes et de 25 magnifiques planches à part sur chine par MM. Tony Johannot, Baron, etc. Paris, J. Mallet, 1844. 1 vol. in-8, cart.

240 — **Aubry**. — Histoire pittoresque de l'équitation ancienne et moderne, dédiée à MM. les officiers élèves de l'École royale de cavalerie, par Charles Aubry. Paris, 1833, 1 vol. in-fol., cart.

241 — **Baugean**. — Collection de toutes les espèces de batimens de guerre et de batimens Marchands qui naviguent sur l'Océan et dans la Méditerranée, dessinée d'après nature et gravée par Baugean. Paris, 1812. En livraisons.

242 — **Belloy**. — Christophe Colomb et la découverte du Nouveau Monde, par M. le marquis de Belloy. Compositions et gravures par Léopold Flameng. Paris, Eugène Ducrocq. 1 vol. in-4, cart.

243 — **Bessoni**. — Theatrum instrumentorum et machinarum Iacobi Bessoni Delphinatis mathematici ingeniosis-

simi cun franc. Beroaldi figurarum..... 1578. 1 vol. in-fol. vélin, fig.

244 — **Ch. Blanc.** — L'Œuvre complet de Rembrandt, décrit et commenté par M. Charles Blanc, ancien directeur des Beaux-Arts. Paris, Gide, 1859-1861. 2 vol. in-8, demi-rel. veau.

245 — **Blondel.** — De la distribution des maisons de plaisance et de la décoration des édifices en général, par Jacques-François Blondel..... Paris, Jombert, 1737-1738. 2 vol. in-4, demi-rel. veau.

246 — **Boccace** (Contes de), traduction de Sabatier de Castres, illustrations de H. Baron, Tony Johannot, etc. Paris, Garnier frères, 1869. 1 vol. grand in-8, cart.

247 — **Boydell.** — An history of the river Thames. London, 1794-1796. 2 vol. in-fol. cart,, non rognés, fig. en couleur.

248 — **Brehm.** — La Vie des animaux illustrée, description populaire du règne animal, par A.-E. Brehm. Édition française, revue par Z. Gerbe (les Mammifères). Paris, J.-B. Baillière et fils. 2 vol. grand in-8, cart., fig.

249 — **Carlevariis** — Le fabriche, e vedute di Venetia disegnate, poste in prospettiva, et intagliate da Luca Carlevariis. 1 vol. in-fol. oblong, veau.

250 — **Chants** et chansons populaires de la France. 75 livraisons.

251 — La Vie et l'œuvre de CHINTREUIL, par A. de la Fizelière, Champfleury, F. Henriet. Paris, Cadart, 1874. 1 vol. grand in-4, broché.

252 — **Clément.** — Prud'hon, sa vie, ses œuvres et sa correspondance, par Charles Clément. Ouvrage orné de 30 gravures. Paris, Didier et C°, 1872. 1 vol. in-8, broché.

253 — **Clochar.** Palais, maisons et vues d'Italie, mesurés et dessinés par P. Clochar, architecte. Paris, 1809. 1 vol. in-fol., cart.

254 — **Croquis** par divers artistes, 72 lithographies en 1 vol. in-4 oblong, cart.

255 — **Dante.** — La Divina commedia di Dante Allighieri. Parma, 1796. 2 vol. in-4, demi-rel. veau, non rognés.

256 — **Description** historique de l'hôtel royal des Invalides, par M. l'abbé Pérau. Paris, Guillaume Desprez, 1756. 1 vol. in-fol., veau, fig.

257 — **Desgodets.** — Les Édifices antiques de Rome, dessinés et mesurés très exactement par Antoine Desgodets. Paris, 1682. 1 vol. in-fol., demi-rel.

258 — **Divers.** — Œuvres de monsieur de Saint-Marc, 1775. 1 vol., — Julie ou l'Heureux repentir, anecdote historique, par M. d'Arnaud, 1767. 1 vol. — Recueil de poésies, par Dorat. 1 vol. — La Déclamation théâtrale. Paris, Delalain, 1771. 1 vol. — Voyages et aventures d'une princesse babylonienne, 1768. 1 vol. En tout, cinq vol. in-8, veau, figures.

259 — **Dujardin,** son œuvre en cinquante-deux pièces, reliées en 1 vol. in-4 oblong.

260 — **Dyck.** — Icones principum virorum doctorum pictorum chalcographorum. Statuariorum nec non Amatorum pictoriæ artis numero centum ab Antonio Van Dyck pictore ad vivum expressæ eiusq. : sumptibus æri incisæ. Antverpiæ, Gillis Hendricx excudit. 1 vol. in-fol., veau, contenant 109 portraits d'après Van Dyck.

261 — **Falda.** — Fontaines et palais de Rome. 3 vol. in-fol., veau.

262 — **Ferrerio.** — Palazzi di Roma de piu celebri architetti designati da Pietro Ferrerio, pittore et architetto. 1 vol. in-fol. oblong, veau.

263 — **Filhol.** — Galerie du musée Napoléon, publiée par Filhol. Paris, 1804, t. II, III, IV, V, VI et VII. 6 vol. in-8, cart.

264 — **Flameng**. — Paris qui s'en va et Paris qui vient. 1 vol. in-fol., cartonné.

265 — **Gailhabaud**. — Monuments anciens et modernes. Collection formant une histoire de l'architecture des différents peuples à toutes les époques, publiée par Jules Gailhabaud. Paris, Didot, 1857. 4 vol. grand in-4. Demi-rel. mar. vert, fig.

266 — **Géricault**. — Études de chevaux d'après nature. Quarante pièces en 1 vol. in-4 oblong, cart.

267 — **Gervais**. — Histoire naturelle des Mammifères, avec l'indication de leurs mœurs..., par M. Paul Gervais... Paris, L. Curmer, 1855. 1 vol. grand in-8, demi-rel. mar. violet.

268 — **Salomon Gessners**, Schrefften. Zurich, 1777. 2 vol. in-4 brochés. fig.

269 — **Gevartius**. — Pompa introitus honori serenissimis principis Ferdinandi Austriaci Hispaniarum infantés in urbem Antverpiam..... Antuerpiæ. 1 vol. in-fol, vel., figures d'après Rubens, gravées par Van Tulden.

270 — **Guéroult du Pas**. — Recueil de veues de tous les différents bastiments de la mer Méditerranée et de l'Océan, avec leurs noms et usages, par P.-J. Guéroult du Pas. Paris, 1710. 1 vol. in-4, veau.

271 — **Hodges**. — Choix de vues de l'Inde, dessinées sur les lieux pendant les années 1780, 1781, 1782 et 1783, et exécutées en aqua-tinta par W. Hodges. London, 1786. 1 vol. in-fol., veau.

272 — **Holbein**. — Œuvre de Jean Holbein, ou Recueil de gravures d'après ses plus beaux ouvrages. Première partie : le Triomphe de la Mort. Seconde partie : la Passion de Notre-Seigneur. Troisième partie : Costumes. Quatrième partie : Portraits. 1 vol. in-fol., cart. Basle, 1780.

273 — **Holbein**. — The celebrated Hans Holbein's Alphabet

of death... selected by Anatole de Montaiglon. Paris, Tross, 1865. 1 vol. in-8, cartonné.

274 — **Jombert.** — Architecture moderne, ou l'art de bien bâtir pour toutes sortes de personnes, par Charles-Antoine Jombert. A Paris, chez l'auteur, 1764. 2 vol. in-4, cart., non rognés.

275 — **Lamartine.** — Graziella, par A. de Lamartine, avec les dessins d'Alfred de Curzon. Paris, L. Hachette, 1863. 1 vol. in-4, cart.

276 — **Laurens.** — Voyage en Turquie et en Perse, exécuté par ordre du gouvernement français pendant les années 1846, 1847 et 1848, par Xavier Hommaire de Hell., fig. par Jules Laurens. Paris, Bertrand, 1853. En livraisons.

277 — **Leroy.** — Collection de dessins originaux de grands maîtres, gravés en fac-similés par Alphonse Leroy, avec texte explicatif par MM. F. Reiset et F. Villot. Paris, chez l'auteur. 1 vol. grand in-fol., cartonné.

278 — **Lloyd.** — Picturesque views in England and Wales from drawings by J.-M.-W. Turner, esq. R. A. with descriptive and Historic illustrations, by H. E. Lloyd, esq. London, 1832. 1 vol. in fol., demi-rel., mar. vert.

279 — **Claude Lorrain.** — Liber veritatis or a collection of prints, after the original designs of Claude le Lorrain... executed by Richard Earlom..., a descriptive catalogue of each print. London, J. Boydell, 1777, pour les deux premiers volumes, et le troisième 1819. 3 vol. in-fol. Épreuves de premier tirage, lettres grises.

280 — Les deux premiers volumes du même ouvrage, mar. fil., tr. dorées. Épreuves du premier tirage, lettres grises.

281 — **Luiken.** — Afbeeldingen der merkwaardigste geschiedenissen van het oude en Nuavve testament, in het koper geetst door den vermaarden en kunstriken Jan Luiken. Amsterdam, Covens et Mortier, 1729. 1 vol. in-fol., cart.

282 — **Marieschi.** — Vues de Venise. Venetiis, 1741. 1 vol. in-fol., demi-rel.

283 — **Metz.** — Imitations of ancient and modern Drawings from the restauration of the arts in Italy, to the present time. Together with a chronological account of the artists and strictures on their Works, in English and French. By C. Metz. London, 1798, 1 vol. in-fol., demi-rel., mar. r.

284 — **Le Muet.** — Manière de bastir pour touttes sortes de personnes, par Pierre Le Muet. Paris, Melchior Tavernier, 1623. 1 vol. in-fol. vélin.

285 — **Ottley.** — The italian school of design : being a series of fac-similés of original drawings by the most emenint Painters and sculptors of Italy; with biographical notices of the artists, and observations on their works, by Williams Young Ottley. London, 1823. 1 vol. in-fol., demi-rel., mar. r.

286 — **Ozanne.** — Vues des principaux ports et rades du royaume de France et de ses colonies, dessinées par Ozanne et gravées par Gouaz, avec un texte descriptif, géographique et statistique, par N. Ponce. Paris, 1819. 1 vol. in-fol., non relié.

287 — **Palladio.** — I quattro libri dell' architettura di Andrea Palladio... in Venetio, 1581. 1 vol. in-4, cart., fig. sur bois.

288 — **Percier et Fontaine.** — Palais, maisons et autres édifices modernes, dessinés à Rome. Paris, 1798. 1 vol. in-fol., cart.

289 — **Ponce.** — Description des bains de Titus... Paris, 1786. 1 vol. in-fol., cart., fig.

290 — **Prevost.** — Histoire de Manon Lescaut et du chevalier des Grieux, par l'abbé Prévost. Édition illustrée par Tony Johannot, précédée d'une notice historique sur l'auteur par Jules Janin. Paris, Bourdin. 1 vol. in-8, cart.

291 — **Quadreria** Medicea, ou tableaux de la galerie de Médicis, gravés d'après les dessins de Fr. Petrucci. 2 vol. in-fol., veau.

292 — **Raffet.** — Voyage dans la Russie méridionale et la Crimée... exécuté sous la direction de M. Anatole Demidoff. Paris, Gihaut frères. 1 vol. in-fol., demi-rel., mar. vert.

293 — Souvenirs d'Italie, expédition de Rome. Paris, Gihaut. 1 vol. in-fol., cart., fig. sur chine.

294 — **Recueil** d'estampes d'après Van der Meulen et autres. 1 vol. in-fol., veau.

295 — **Recueil** d'estampes par della Bella, Silvestre, Van Uden, etc. 101 planches en 1 vol. in-4 vélin. Ð.

296 — **Rondelet.** — Traité théorique et pratique de l'art de bâtir, par Jean Rondelet. Paris, Didot, 1834. 5 vol. in-4, cart.

297 — **Rubens.** — La Gallerie du palais du Luxembourg peinte par Rubens, dessinée par Nattier et gravée par les plus illustres graveurs du temps. Paris, Duchange, 1710. 1 vol. in-fol., cart., fig. avant les numéros.

298 — **Scamozzi.** — L'Idea della architettura universale di Vincenzo Scamozzi, architetto veneto. Venise, 1615. 1 vol. in-fol., vélin.

299 — **Silvestre.** — Histoire des artistes vivants français et étrangers, études d'après nature par Théophile Silvestre. Paris, E. Blanchard. 1 vol. grand in-8, broché.

300 — **Soltikoff.** — Voyages dans l'Inde par le prince Alexis Soltikoff. Paris, Garnier frères. 1 vol. in-8, cart., figures.

301 — **Stuart.** — The Antiquities of Athens, measured and delineated by James Stuart... London, 1761, 1787. 2 vol. in-fol., demi-rel. veau.

302 — **Taylor.** — Voyages pittoresques et romantiques dans l'ancienne France (Franche-Comté). Paris, Didot, 1825. 2 vol. in-fol., cart.

303 — **Tiepolo.** — La Fuite en Égypte. 25 pièces en 1 vol. in-4, cart.

304 — **Waterloo.** — Suite de 88 paysages de différentes grandeurs, composés et gravés à l'eau-forte par Ant. Waterloo, peintre hollandais. Paris, chez Basan. 1 vol. in-fol., cart.

305 — **Wordsworth.** — La Grèce pittoresque et historique ancienne et moderne, traduction de M. E. Regnault. Paris, Curmer, 1841. 1 vol. in-8, cart., fig. sur bois.

306 — **Zocchi.** — Scelta di XXIV vedute delle principali contrade. Piazze, chiese, e Palazzi della citta di Firenze. 1 vol. in-fol., veau.

307 — Sous ce numéro, il sera vendu, par lots, environ 400 volumes, galeries, livres sur l'architecture et les arts, etc., etc.

Imprimerie Pillet et Dumoulin, rue des Grands-Augustins, 5, à Paris.

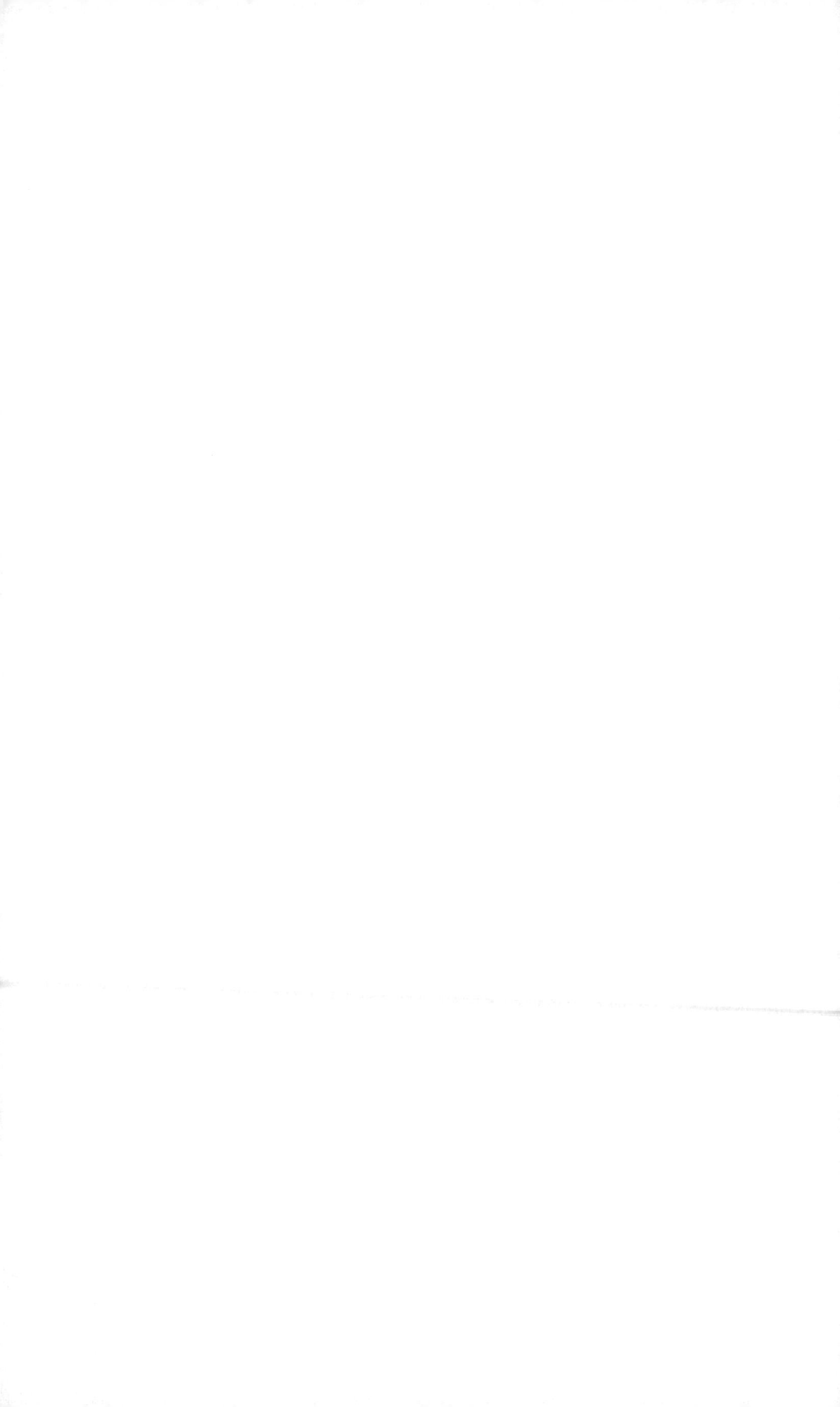